目錄

序

對於常在生死邊隙中飄越的人，更能深深的尊重與珍視生命。而相視於生命的輪苦際遇，也有著更深的同受與感知。我的一生，可說是安立在明照苦空與覺悟生命之上。因此，願以佛境菩薩行，為此生幻遊的導引。

瘟疫在人類史上帶離了多少的生命，並引來了無數的苦痛。瘟疫讓多少人在緊張、恐畏中，生起了如是虛幻的瞋恚、貪痴、糾纏，更能讓人真心迸發，顯現出吉祥的美善悟境。我一直觀察著古今歷史的因緣，更覺悟到人口急升與交通密接的全球化過程，引出了愈來愈繁密的大傳染性疾疫。這些緣起，讓我在二〇〇三年SARS疫情中，有了完整的省思，因此寫下《沒有敵者》一書及導引CD。祈願在人類面臨疫情時，除了一般性醫療防治之外，更能有一套完整強化身心免疫能力的方法。除了保護自己、家人及所有的人之外，並祈願人類乃至一切生命，能得證覺悟解脫。因此，所有完整的身心防疫觀念與行動，可說是奠基於此。

除此之外，在當時我發願念誦百萬遍的藥師咒，希望所有的人類及眾生得利。但是我的學生劉詠沛卻希望我能發起【百億藥師陀羅尼】的運動，為地球上的七十多億人及未來的地球人類，都能念誦一次藥師佛長咒。依此，這個計畫由同修大眾一起發心認持，依序實踐完成，從二〇〇三年至此時二〇二〇年五月為止，長達十七年的時間，【百億藥師陀羅尼運動】共計有二百餘人參與，持誦總遍數為六千七百多萬遍，而其中，我自身持誦的部份為三千二百萬遍的藥師咒，以迴向台灣及所有的人。

在此次新冠疫情時，我心中細思，如何能夠再為這個苦痛的因緣貢獻什麼樣的心力？這回應了在一月下旬，在我前往印度南端科摩林角附近的普陀落迦山，朝禮觀世音菩薩時的因緣。由於如實的相應，我承擔了為觀世音菩薩寫下十萬句的傳記史詩的任務。而其中的第一部即是以佛世時，毘舍離國發生瘟疫，佛陀要大家迎請極樂世界觀世音菩薩前來消除疫疾的《楊枝淨水》。因此在藥師如來及觀世音菩薩的啟發加持下，我決定著手寫下這一本《悟在瘟疫蔓延時》的詩篇。一以迴向止息疫情，最重要的是在這特別的機緣當中，讓大家身心安頓，並得以開悟成就。

這一本詩集共分十二章：一、初悟，二、深願，三、離染，四、寂光，五、焰慧，六、勝悅，七、鏡智，八、覺思，九、智海，十、明空，十一、法雲，十二、普光。每一章節，都希望能療癒大眾在疫情時的身心情境，讓每一個人更健康、安樂、幸福，乃至得以開悟圓滿。我也希望將每一個詩篇錄下音影，希望大眾在見、聞時，得以心安自在。此外，我希望在最快的時間中，能將之分章英譯完成，讓世界上所有的人，都能同得喜樂！

地球禪者

洪啟嵩

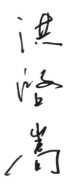

壹

初悟

Original Awakening

一

於是悟了　在瘟疫蔓延時
是那光明與黑暗相際的時代
點燃不滅的大覺心燈
為這偉大的時空
做圓滿註解　光明遍照的大覺親自詮釋

輕輕揭開這偉大史詩的劇場吧！
讓我們依著大覺緣起
航向未來　航向地球的黃金新紀
啊　那地球太空船啟航了　航向無際的星空
於是覺性宇宙的時代於焉開啟

善哉！善哉！
悟在瘟疫蔓延時……

二

嗯……
這是一首宇宙的詩
帶著淚人的哀憫
與最深的慈悲心
我們一起共奏
這一首宇宙最和諧的詩篇
我們用最靜、最深、最輕、最淨的音聲合唱
唱出無始無終　永覺的大悲心曲

靜聽啊！

淨聽！

那麼寂　那麼妙　那麼沉靜　那麼的吟出沒有敵者

當自我完全消失時

當下沒有敵者

那麼空悟靈妙

就成了這首最真實的宇宙民謠

從宇宙的邊陲

唱到宇宙的邊際

吉祥的和諧成了最圓滿的合音

是沒有敵者

讓自己從自心到宇宙
發出最深沉的和諧音聲
是與自心唱合
是與呼吸唱合
是與氣脈唱合
是與身體唱合

於是嗡……嗡……那清聖、美麗的合音
唱向了每一個人的心、每一寸山河大地
就向那地、水、火、風、空的宇宙和鳴
這是永遠和解的聲音
是永遠和諧的真心
是無我的唱合

用光明所交響演奏出的幸福清寧

三

用最真誠的心念
向您發出和平的訊息
心中沒有敵者
只有真摯精純的心
至誠的向您發出　共生共榮的願望
祈願從現在直到永恆的未來
我們相互扶持
走向圓滿生命

就在當下！就在當下！
真心誠意的相互守護
這是最深的誓句
我們共創生命圓滿的願景
我守護著您
您守護著我
用最相互調和的ＤＮＡ
開創出究極生命進化的旅程

一心祈請能具足歡樂與歡樂的原因
一心祈請能脫離痛苦與痛苦的原因
一心祈請能恆常安住在沒有痛苦的安樂境界
一心祈請能捨棄分別無明的心而體悟到圓滿覺悟的平等

我們一心靜寂的觀看著清淨的水
於是我們的心就那麼的澄明如水
宛如明鏡相照自然清寧
在覺明的心中
我們的每一個細胞化成了透白的淨雪
無雲晴空　麗日普照
每個如雪的細胞都融化了
化成了清白純淨的心水……

從心到身　淨水清流
成了活泉、心流　入了法界的大海
明覺的生命開始幸福歡悅的旅程

於是我們昇化了
不再悲傷只有歡喜　沒有煩擾只是一心澄靜

靜靜　流成了淨淨的大河
是心靈的大河　生命的大河　人生的大河
成了大海　安住在幸福的地球
天地伴著平濶　百草陪侍花香
清澈的藍空　是我們身淨的倒影

一心　靜心　淨心
用最深的心觀念
所有的生命永遠安住光明的幸福
願與所有的生命

共創真善美聖圓滿的新世紀
願母親地球永遠的安樂和平

四

在這裏？　在那裏？
細到比細更細　微的比小更微
似乎！　似乎！　就這麼無處不在了
但有了就是有了　見了　就認了
但那麼怕　是否怕得沒來由
但更可怕的是　不知道　完全不知道恐怖在哪裏！
無知才是那最可怕的恐怖
心就掛著　罣礙著　那麼恐怖　為何？

又是什麼？

闇就帶著暗　在心中增長著慌
那真是　戰戰兢兢　如臨深淵
當居家時、外出時、面對人、面對萬物　那時
也驚的　惴惴不安　如臨于谷
又是戰戰兢兢　如履薄冰……
當下！當下！
放心　把心放下來
恐懼不是我們生命的本質
不要用怕奪了自己生命中的最美麗幸福
讓心就像大地一樣的安住不動吧！

於是恐懼的毒龍　只有愁眉不展的遠颺逃逸
像被朝陽吹逝的晨嵐　只留下似曾存在的回憶
我們是大地　安住不動
無盡的寶智　從心中暢快的揚升
身體快樂　呼吸快樂　心裏快樂
快樂的像大地　一切放下放鬆
放得好鬆好輕鬆……

五

身心完全歸零　成了永恆的完整　完整的完整
回到無盡圓滿的胎藏世界　大地是永遠的安慰
我們是無畏的大地　沒有恐懼　怖畏的汙名

我們就是一切和坦安然　讓我們成為大地　就是大地
如同母親般的大地安穩
一心注視著清淨的大地　沒有分別　只有寧靜

開眼　閉眼　大地曼荼羅成了心中唯一的淨相
無分　無別　只是唯一大地的心靈　安穩無畏沒有恐懼

將如心大地中的草石　雜物　一一從心中剔除
就像調鍊黃金一樣　剝離了一切雜相
大地的清淨成了光明
我們的心如同簇新的明鏡　潔淨的白貝
出雲的滿月　宛若白鶴飛出烏雲的光潔
於是大地的心　就是我們的心　就是圓滿的自性

讓恐懼　煩惱成了調鍊明淨心靈的燃料
燃那煩惱的薪材
用那恐懼成為智慧光明的能源
依著般若波羅蜜多的緣故　讓我們心無罣礙
無有恐怖　遠離顛倒夢想

於是我們的心戴上了智慧王者的冠冕
把恐懼煩惱幻成喜樂的小丑
沒有憂心　因為一切都成光明
我們的心早已與大地圓淨相合　定調出了智慧悲憫
當下大地的心王正差遣著心靈大地的勇士
奔馳在無邊的心地　戲逐著正恐懼逃逸的恐懼

我們的心靈　開創了雄偉的大地功勳

嗡……

從大地的禪定中覺起　我們正圓成智慧與慈悲的標幟
舉重若輕的談笑
正顯出最細密、無畏、勇猛的行動
成為驅除恐懼的大地勇者

啊……吽……
將自己的心與眾生的意　合成了未來世紀的願景
在廣闊大地之上啟建了幸福與光明
梭哈……

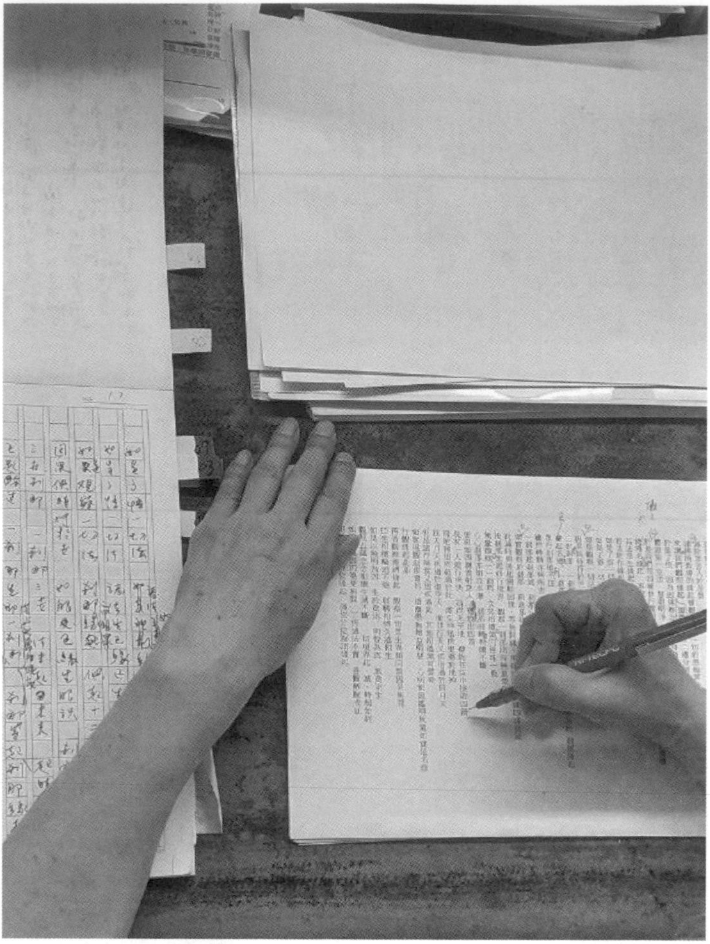

貳

深願

Deep Wishes

一

來　讓我們在瘟疫中調鍊那美而無畏的心吧！
讓心覺醒、覺起
讓健康　快樂　幸福　智慧　慈悲
成為自心的標幟
當瘟疫把我們閉起來
我們就順勢閉關

讓疫疾成了我們最盡責的護關者
順勢關起了心中的貪婪、瞋恚、癡愚、傲慢、疑執
讓一切的恐懼、猜忌、自私、焦慮、不安、壓力
這所有負面的心緒　成為光明智慧的薪材火力

讓　覺性在瘟疫蔓延時增長
開悟　就這麼讓心悟了起來
於是　在睡眠的夜幕合下時
我們就用放鬆禪法
成了夢幻中的光明心性
晨起的朝陽與夢光相和
演奏著每一天的光明活力

讓我們憶起慈母　思想起在慈母胎中的安喜
那大悲胎藏的曼荼羅　充滿了智水
那智慧羊水養育著我們
那是生命中最究竟的高峰　引導了我們最喜悅精純的心境

現在一心細思　我們就身在最舒適柔軟的清淨溫泉中
喚起在母胎中那至善至美的幸福高峰體驗
於是壓力、恐懼　乃至一切負面的心緒
都隨溫泉的水氣逸離
喜樂、自在成了唯一的心

二

細思楊柳　隨風微而起
從來不把恐懼、壓力等負面情緒
這些高利貸的吸血鬼留在身上
就讓風　吹走了一切負念　留下了純鬆、至悅的心
讓身體的五臟六腑、所有器官、一切的細胞

都宛如嬰兒般　充滿了生命的氣機
像氣球一樣充滿了空氣　像水母一般柔和自在
於是身心只是光明的喜　喜的光明
讓這樣的心境純習

在最自在的清淨心中　放下一切
讓一切自然放下
當下　連能放下的　也輕輕的　全體放下
放下……放下到沒有一絲一毫的罣礙
於是寂靜的心　讓光明自然的生起
遍照光明成了自心唯一的光景
當下　讓我們全身放鬆

就像柳絮一般的輕柔
像海綿一樣的溫柔
把所有的身心壓力全部放下

放下身體　讓身體像流水般的明淨
放出呼吸　讓呼吸如同清風般的自在
放開心意　讓心靈如同柔妙蓮華般開放
身、息與心淨裸裸的
像千百億日的光明
如水晶般的明透
宛轉如流虹般的明潤自在　無有實質
心意自然的止息　無念
身體與呼吸也安住在光明無念當中

當下只有最是無念的清明

三

讓我們的骨骼完全放鬆開來！
如同海綿般的輕柔與彈力
把壓力從身上全部移除
海綿般的骨骼自然溫柔的彈起
我們清楚的觀照著自身所有骨骼
從頭到腳一節一節的放鬆
全身像彈簧般有力　像海綿般柔和
所有的壓力已悄然無蹤

再將皮膚與表皮肌肉全部放鬆
頭腦、內臟與肌肉也全部放鬆放下了
從頭部到身體到雙足
所有的壓力遠離了
就像海綿一樣恢復了彈性
徹底的放鬆
像氣球一般充滿了柔和的空氣
讓全身的血管放鬆
所有的循環系統內分泌也自然鬆開了

全身的筋絡神經系統完全暢通無阻
柔和充滿了欣喜
呼吸徹底鬆開了　全身充滿了氣機

五臟六腑所有細胞毛孔
都自然的盡情呼吸
無比的喜悅從心中生起

每一個細胞都充滿了微笑
化成了最輕柔的白色雪花
在無雲晴空的陽光下　晶瑩的發亮
白色雪花慢慢的融成了清淨的水
從頭到腳都化成了清澈的淨水
當下我們成了由淨水所化現的人形

無雲晴空的陽光繼續普照著
全身的淨水吸入了無盡的能量

於是歡喜的化成淨明空氣
成了由空氣所化現的人形

告別所有的壓力
空氣便昇華成了光明
這光明就像水晶一般的淨透
太陽般的明亮與彩虹般的無實
當下完全成就了光明的身體
而全部的宇宙也轉化成無盡的光明

四

完全的覺悟自然生起

一切的心念自然的消逝
連所有光明的心念也已逝去
於是過去的心、現在的心、未來的心
都已消失

自心只是絕對的無念清淨
絕對的覺悟寂靜
而宇宙與自身的光明　自生自顯
圓滿具足了光明的大覺

從放鬆光明的無念中覺起
所有的光明收入了心輪
只有無念無依沒有罣礙

身心一如　健康自在
快樂的覺悟
沒有壓力的人　成就了最有力的人生
雙手伸出　光明的勇士
對所有生命有著最快樂完美的慈悲方案

五

在歡喜的深心中
我們打開完全沒有執著的空性中脈
那是現空無實　在身心的正中
宇宙的中心
那麼明、那麼亮

從頂輪上現起金剛鍊光明般的如意寶珠
宛若無數太陽的光明普照
如水晶一般透明
像彩虹一樣沒有實質
自在的現空映照

將寶珠沿著身體前後左右的中脈
從頂輪安置到眉心輪
從眉心輪安置到喉輪
從喉輪安置到心輪
從心輪安置到臍輪
從臍輪安置於海底輪
讓海底輪安置於空吧！

讓空安置於不可得　無生無滅的法界體性
於是用最柔和的氣息
呼吸著宛若金剛光鍊的如意寶珠光明珠串
用空息呼吸著法界的智慧氣息
隨著中脈的呼吸
悟入了法界光明自在
現證了光明的廣大休息　安穩的睡在畢竟空的中脈裏
不只在夢幻光明中如是
在行、住、坐、臥、語、默等一切生活中
都如是的在中脈呼吸

叁

離染

Away from Attachment

一

莫明的焦慮　紀錄著不適的身心
沒有什麼病　也沒有染疫
只是不健康　悶悶的沒了力氣
遠方的光明　就像旋轉的門扇般　時暗時亮
一下子有了希望　一下子又是悶絕
在這種冷熱交替的所謂調和　更添了那麼多的不樂

鬱鬱悶悶的灰愁　是疫情傳來的陣陣迴聲
惶恐萎累　是在那麼微細病毒下　所幻化出的鉅影中殘喘
夜難眠　晝難思　憂然心獨傷
說是焦肺枯肝、抽腸裂膈也太過了

但就是推不開那影那闇

看來只有善觀心情
將那悟看得明明的　將心覺成淨淨的
讓自己使自己快活
悟在那推不盡的焦慮灰暗時
讓心　靜淨的喜樂

二

於是輕輕的呼出焦慮
用最舒適的心靈呼吸
輕輕的呼出灰藍色的、混濁的、焦慮的心情

把身體打開放鬆　開始覺的呼吸　讓悟的心靈開了
讓鬱悶的氣息毫不後悔的流出
從口中、從鼻孔、從每一個細胞、血管、肌肉、骨頭……
豁然的心靈就這麼自然的遠離了憂慮
只有很美、很美的心在澄靜平和

吐盡所有憂鬱的氣息
清淨了心靈明鏡上的塵灰
是吧！當下看著
我們原來的心就是那麼的明淨
輕輕細細的呼吸　那麼綿、那麼柔、那麼細密
深深的、和和的、柔滿的　吸入了法界的清氣
氣息是清涼的　是溫暖的　是完完全全的覺知明了

短的氣息　長的氣息
都是自在的自然
在覺照的心靈當中　就宛如明鏡般的清晰明淨

似有似無　細細柔柔的氣息……
到了心中、到了腹部、腰、腿、手指、腳底……
驚喜的氣息為我們的身體、心靈
做了最溫柔覺明的按撫
清朗明照的心中已消失了焦慮
憂慮苦惱的心境家族　悄悄的換成無盡喜樂
寒冰被春風的氣息化開　壓力重擔隨著流水漂逝遠離
清覺的明照就是柔和的光明

三

心月浮上了清空　成了我們常生的歡喜
心靈與呼吸細細密密的合成明亮心鏡　澈照實相
所有的憂慮幻影　在心明鏡中竟成了無聊的遊戲
沒有情緒　只有一心的清明覺照
心在呼吸之上　心在心靈之上　心在無心之上
沒有煩惱　沒有憂慮　沒有痛苦……
我已覺醒　自由是我明確的訊號　自在是我的完美行動

我是自心的王者　威嚴的驅離憂慮
永遠不准憂慮再入我的心中
只有幸福　光明　智慧　悲憫……才是我允納的心意

從歡悅的呼吸中覺起
從清淨的定心中行動
我們的心靈已完全療癒

慈悲的勇者是我的名號
畫出人生美麗的願景
發出了無比的宏偉心力
讓自己及所有摯愛　乃至一切生命的自在歡喜
從現在　到未來　到永恆
共同燃起無盡的明燈火炬

歡喜吧！讓我們從敵對的煩惱中解脫
開心吧！朋友且莫排斥自己　傷害自身

在共同母親地球的擁抱下　成為姊妹兄弟
對自己不要再那麼的見外
無妨好好的相互照顧自己的身體與心靈
讓心平澄　呼吸著快樂安詳
這就是喜樂人生的起點
完全放下　澄澄淨淨的　定

四

沒有對立　喜唱地球和平
吐盡敵對痛苦的懊惱　吸盡天際光明的彩虹
讓身心活成了最最晶美的彩鑽
把痛苦黑白的人生　彩繪成了喜樂的證明

風清吟　向月成曲　水流竹影
身寂清　獨立自在的吉祥歡欣

我們心靈的顏色
就像鑽石的晶面
明晰的浮現所有的宇宙人生
沒有自私　只有關愛
喜愛自己　更歡喜他人
從自心最深處的喜樂中觀照
讓自己與自己的聯結成永不失散的圓
與自己永恆的和解　更關懷摯愛的人
圓與圓聯結成無終止的圓

寂寞永逝　富饒已生
摯愛的人都離了苦得了樂
所有苦難眾生的寂寞
都在一心歡喜中溫解
地球將在無邊無盡的大宇宙中
共同圓成喜樂的生命

永遠康寧　永遠幸福
一心祈禱　永遠和平
一心　冥想　淨念
一心……
讓我們的心種下覺性的和平
用智慧相互聯結成悟聯網

開創出覺性的雲端
覺性地球
永續人間的幸福光明

用慈悲的心　智慧的念　澄清光明的手
送走所有苦難　讓心中最厭惡的敵人
成為我們的善友親朋　與我們一同欣喜快活
共用　共善　共覺　圓滿的生命

在地球母親的智慧見證下
與所有的心靈　化成無盡的圓
開創地球時代的黃金新世紀
記錄我們的和美光耀悅樂

供養最最吉祥的地球母親
和平地球　地球和平
永遠的康健、幸福、快樂、慈悲
禮敬最偉大的母親
悟在地球蔓延時……

肆

寂光

Silent Brightness

一

頓然放下　良久　良久……
不思善　不思惡　更超越了一切瞋恨……
正在當下　那個是我的本來真面目
就是這個安心　自在的姿勢
用最輕鬆的身體　最快樂細柔的呼吸
安住在最勝寂靜的心情

一切　一切的瞋怨都已隨風飄逝了
剩下的　只是唯一的光明
瞋恨無所從來　也無所從去
慈悲、歡喜　我讓她來　我不要她離去

這就是給自己最後　最堅決的幸福決定
永愛自己　是宇宙中無上真美的誓約

當我們把自己交給了自己時
就交付了不可違越的盟誓
與自己相親　給自己慈悲喜樂
與自己共成唯一的如實觀自在
於是我們擁有了無盡慈悲的能力

瞋恨已逝　憤怒已遠　歡喜已近　光明到來
近了我們的身邊　到了我們的心底
於是我們就那麼成了如來
用如來的悲心慈意　給予一切的人吉祥歡喜

歡喜成了我們唯一的名字　慈悲成了永遠的心意
我們用清明的覺性　慈悲自己　慈悲摯愛的人
慈悲一切所愛……

二

無瞋、無恨、無怨、無惱　只有歡喜　真正的光明歡喜
大公無私的平等慈悲
就像投入宇宙大洋中的如意寶珠
無盡的相映互攝
從摯愛開始　一圈一圈的平等向外迴旋
從至親到平疏　一切苦難的生命
我們永遠的慈憫

最平靜的慈心力量是永恆

對於所有往昔的仇　也只有慈悲之名
對所有的生命　不管歡喜與冤親都一如的欣悅
慈心三昧　成為人生中最美麗的珍寶
從現在到無盡的未來
我們的慈心成了虛空法界的銘記
行動　慈心的二十一世紀

噩夢終將覺醒　妄想必然消失
只有不生不滅的本覺心鏡　明照著如幻的十方三世
厭惡終將銷融　那痛苦的瘟疫會是一場能醒的幻夢
遠離那忐忑難安與仇恨的聲音

讓貪、瞋、癡、慢、疑的汙塵在清風中吹離
成就了本淨的金剛心　鑄成不壞的喜悅自在

一切的厭惡　始終來自厭惡自己
一切的恐慌　總是緣起於驚恐的自心
在那漫漫幽幽的瘟疫中　暗夜總過得特別長
不是命長了　而是恐痛的時間像橡皮筋一樣被自己拉長
拉長又那麼的壓力自己　不小心還會反彈
不必如是　讓厭惡自身也忘了厭惡

讓覺悟在瘟疫蔓延時成長
原來那緊張恐痛的調鍊　讓心如黃金一樣煉得更純
像百鍊的金剛　成了能幸福的心

不是幸福　是能夠幸福
我們不是被幸福牽著的昏盲
而是自能幸福的覺知
悟在瘟疫蔓延時　自在幸福的能力增長

三

想像在慈母的懷裏
那一生中最歡喜的清淨溫泉　憶起生命中最喜的高峰
把身體安放在那覺的溫泉中　完全鬆開
吐出一切陳舊的氣息
使呼吸完全的輕新快活　讓心靈像青空浮雲般的自由飛翔
那心的最深處　自覺的彈奏出最喜悅的無聲之歌

寂靜微妙的吐盡一切劣濁的厭惡

寬坦坦、靈明明　專注一心　正是當下的寫照
從至極澄靜的心　生起最自然的寬宏、悲憫
於是用悲心拔除痛苦的心刺
那無瞋、無怨　沒有惱恨的心境如實現生
這就是我們原原淨淨的本然心境
從最澄靜當中發現最根本的心情

慈悲自己……
慈悲自己　讓自己愛護自己
自己慈悲自己　沒有自迷、自戀　只是清明的自覺
就像水晶般透的太陽　自己映照著自己

如實的明淨　一如的相攝相澄

慈悲原來是最活躍的養分
茁長、壯大、寬柔、感動……
永永遠遠的不讓厭惡再行糾纏
連厭惡那令人噁心的厭惡　也慈悲得沒有厭惡的心情
擁抱自己、擁抱摯愛
擁抱天下的痛苦憂難
眾生的苦　我們心中完全明瞭

四

用我們的心、用我們的身、我們的覺悟

用能千生萬世永遠的慈悲、智慧
拔除了所有的苦痛　用心、用明淨澄靈的智慧
擁抱天下的仁人志士、擁抱人間
擁抱至無盡宇宙的邊緣
豁然覺曉　依然還是我們的本心

有著精神相連、血肉一體的覺悟
宇宙萬物與我一體　那同體無盡的大悲心
如實現生
這是生命無盡光榮的保證
所有的積恨怨仇　都已止息
連仇恨而生的痛苦　我們也一起承擔拔除……
這就是無量大悲心的三昧

豁然從大悲禪定中覺起
所有的厭惡　早成了喜樂
所有的苦難　將成為遙遠的回憶
大悲的人　到人間、到一切的世界
用圓滿的智慧　刻畫出歡喜光明的印記
讓悟與慈悲在瘟疫中蔓延……

五

安坐在母親地球的懷裡
本然覺醒的心自然生起
明照默然的覺念　從光明裡轉身回首

飄然現起了　了無蹤跡
那麼的寂然澄明

於是
過去心已了然的不可得
未來的心是現前的不可得
現在的心是當下的不可得
所有的妄動心意　早已會入了自然明默

輕輕把心放下　那麼全然的無念澄明
輕輕的把念放下
讓母親大地與整個宇宙融入了光明的身
身融入了脈　脈融入了呼吸

呼吸融入了心　心融入了光明的淨默
於是心完全止息了
是靜靜的　澄澄的　明淨的……
一心……

在最自在的清心中　放下一切　一切放下
連能放下的也輕輕的　全體放下
放下……到沒有了一絲一毫的罣礙
於是靜觀著朝陽的昇起
光明成了自心的唯一光景

默默清明的心地
如旭日飛空般宛轉明照　海印著萬丈金毫

相印相攝著無量光的心　正是真實的自心
讓心靈本靜依然本來清淨
光明的心就是光明的心
心中自然生起陣陣的歡喜、時時的清涼
以眼觀眼、以耳聞耳、以鼻嗅鼻、以舌嚐舌
以身觸身、以心照心
如實的觀照我們的身、語、意行

明明白白的照出真實　生命如此永恆的美聖
全身全心如同水晶般明透相映
現起晴空太陽般明麗　如彩虹般清靈
用最輕快的舞姿　供養母親地球　舞出幸福的人生
我們是自心的王者

在地球母親的懷中
演出光明心靈的劇本

伍

焰慧

Blazing Wisdom

一

那麼的沉黑　在瘟疫裏寂寞
自我隔離的幽閉　也讓心關閉成了最孤獨的寂寞
不只自己與親人、朋友、他人
連自己與自己　都不知不覺的隔離了……

身體有著安全的距離　但心更要溫柔的相守、貼近
讓我們心更開、更融、更和、更合
相互的關懷　更細心的支持
讓悟與幸福在瘟疫蔓延中
成為我們相互的心意

寂寞無法抵擋喜樂
孤獨最受不了慈悲
開心一點吧！讓自己完全從煩惱中解脫
不要拒絕自己對自己的慈悲
如實照護著自己的身體、心靈
讓自心平安覺悟　呼吸光明喜悅　身體萬分的舒暢

開啟覺悟的人生
安住在最清淨的寂定
吐盡寂寞　吸入無盡的幸福
把清澄、亮麗、甜美調成自心的色彩
就像如意寶珠一般
自在的投映出一切宇宙人生的形影

且與永不遠離的真心相會
寂寞只是自己遺棄自己的藉口
無邊無盡的宇宙者　讓我們共同來圓成喜樂的生命
用澄靜的心　光明的手
送走所有的寂寞　連心中最厭惡的人
我們依然與他一同欣喜快活

永不再寂寞的我　從喜樂禪中覺起
豐美不必虛偽　歡樂不用討好
我們就用這良心美質的本心本色
化成誓願　火熱般的行動
與宇宙所有的心靈　聯結成無盡的覺圓

記錄我們的豐美、光明、悅樂

二

從歷史的原初直向現在、未來
人類與瘟疫從來未曾停止交會
在全球化下愈來愈多的人口　愈來愈多的開發
無窮止盡的人類聚集與行動　相互交會旅行
瘟疫將有愈來愈多的可能
只有地球文明的昇華與人類智慧、悲心的開展
才是未來瘟疫緩解的機會

從古埃及、希臘、羅馬、歐洲、美洲、非洲、全球……

從傷寒、鼠疫、天花、痲疹、流感、霍亂、伊波拉到肺炎
從古至今不同的時空　相續出現的各種瘟疫
不斷在人類歷史中出入推衍
記錄著地球歷史的痛傷與文明演進
一連串的人類　不管是留下名字或是無名
一連串的歷史上　不管是有記載與無記載
都銘記在地球的訊息上永不磨滅
充滿了深重的悲悽
相續不斷的偉大醫者　從過去到現在與未來
都將留下宏偉的身影
有些奉獻自己的生命　用救人的心願與職志
開創人類文明的新演化
而無數亡者、病者　也在人類史上留下永恆的印記

地球上不斷的刻印著無數醫者、病者的故事……
他們有些往生了、安息了
有些活下來成為說故事的人
他們共同記錄著人類的偉大、哀慟與感傷

而一連串病毒的身體
充滿了未明的宇宙符號
雖然沒有名字
也銘刻在時空的軌道
他們寂滅了、轉化了　卻留下了緣起生滅的記憶

三

在這廣大的時空劇場
人類與瘟疫、病毒那麼偶然的因緣相會
發出不可思議的驚人事蹟
宇宙史正客觀的記載著這段事實

且容我們一心的祈請
願往生的人與病毒或疫菌
都能安住在光明的樂土
永不再有病痛、苦難
只有幸福的光明永續

祈願　在這次偶然相遇中
意外的往生者
不管是人或病毒與疫菌
只有光明　不再憂傷
安住在清淨的國土
在淨土中成了佛陀
幫助所有的眾生也同證無上菩提

放開一切　坦坦盪盪的釋出所有的絕望
不再讓死亡的傷慟陰影　佔據我們的偉大心靈
我們珍貴的心靈
沒有多餘的空間留下負面的心念

我們已從生命傷害中覺醒
開悟吧！　遠離絕望
讓我們悟在瘟疫蔓延時……

不要藏私　妄想偷偷的珍藏這即將絕版的心靈
事實上本來就沒有任何絕望的意念
只是好奇頑皮的偷偷妄想
創造出從來不曾真正存有過的虛相
讓我們就這樣放下身心　坦然的安住
澄靜的心化成了大鵬、雄鷹　展翅翱翔在虛空上
絕望的深淵　成了超越遠離的風景

四

啊……在空中吐盡所有的委屈、困頓
用平和的澄明莊嚴　飛空無礙的威光
在黑夜以曼妙的舞姿降臨時
暢快地從心中昇起一輪無瑕的明月
那至慈、至柔的光明　正陪伴著萬籟寂靜的清心

本來的清淨　本來的心性　本來的心月明輪
將絕望轉成了希望　黑暗熱烈的成了明淨
所有灰沉無望的顏色　化成了彩虹再一次輕舞
如此時豐美正是生命璀燦富麗的機緣
盡情的讓寂靜的心　成了如意的寶玉

把心化成了明亮的月輪　從一隻手肘般的圓
開始生起逐漸廣大的禪觀　無畏的讓心自由的開展
一丈、二丈、百丈、千丈、萬丈……
太陽系、銀河系、宇宙系、心靈系……
從心一般的微微密密　到同心一樣的無涯、無際

心到心的距離
是無量的空間+無盡的時間+無礙的心靈
原來小就是大　大小相互不二
原來至微就是至大　讓至大收斂成了至微的密密
心靈系於是又成了宇宙系、銀河系、太陽系、地球……
萬丈、千丈、百丈、一丈、一尺、一寸、微、密……

於是心回到了心　依舊無比澄明的心月
所有絕望、痛苦的寒冰　融化成了歡喜微笑的善美無死甘露
所有的記憶　是反省、懷念、平和、感恩……
心月中流出了最深沉的感動
於是照出了永恆的亮　大地譜滿的是無量的光

明空的心月化入了明空
心月的明空完全回收到了自己心中
從至情至性的心月輪觀中覺起
我們的身心成了吉祥幸福的光明
沒有了絕望　也讓大地流失了絕望
幽暗是光明勇士出現的場景

我們的存在就是希望

陸

勝悅

Admirable Happiness

一

在生命中的暗夜中行路
遭遇了偶然的意外
在瘟疫的風暴中
捲入了病痛
黑暗必然要過去
一心的祈願疾疫中的病人及所有的病人
都能迅疾痊癒
祈請大家的身心安康
一切吉祥安樂……
祈願所有的疾疫病人及所有的病人

迅速的痊癒
不只身心安康
並且具足了慈悲智慧
讓身體不再病痛
心靈不再憂惱
一切智慧圓具
慈悲心明普照

讓瘟疫的風暴
吹響生命進化的號角
讓人間成為淨土
願所有的人類、一切生命與病毒、疫菌
都進化成最圓滿的佛陀

這是全佛的宇宙、全佛的法界
願我們與病毒、疫菌都成了佛

二

不要再煩悶愁憂　不要再受困於病惱
成為自己生命的勇士
超克一切的病苦　讓身心自在的健康、喜悅
讓身體、呼吸、心靈　都在覺照中現空
現空成了沒有障礙的鬆柔
於是從最澄靜的心中開始
智慧的觀照　使生命不再有煩亂、負擔

一心的觀察呼吸　遍身而入、遍身而出
如此的無常不居　正宛如空中的風
沒有不變的自性……
我乃了悟　呼吸本是如空

一心觀察著身體　呼吸依著身體而有
離開了身體也就沒有氣息
地、水、火、風　圍著虛空　於是聚成了身體
一切都是因緣條件的和合現前
也沒有不變的自性……
我乃了悟　身體本是如空

一心觀照著心念　心念無常的變化萬千

沒有固定不變的心意　這才是真實的心
所有的心念和合而起
沒有不變的自性
我乃了悟　心念本是如空

明日當能更加的美好喜樂
諦觀全體如空的心靈、呼吸、身體
三者皆如如現空而成了一如的實相
身、息、心三者本不相離
於是一相成了眾相　原來一切從來不離真如實相
豁然身體、呼吸、心境如是的健康安寧

在如實的禪觀中　決定了心、呼吸及身體的絕然統一

於是心就那麼完全自由了
觀自在者的人生　讓所有的煩亂匿跡
所有的病痛、孤苦不再來
而煩悶的心境也不再來
於是在清明的覺照中遠離一切身心的障礙
身心是那麼的健康、平安、喜樂

讓光明長照　身心在遍照的光明中甦息長養
這智慧的威光　宛若千億個太陽　相互明攝
我心具足了光明、自信、自覺的智慧
自然無畏的開創人生的新福

當下自在的從如此康健的禪中起定

智慧、慈悲成了心的標幟
讓所有的煩悶、黑暗遠離人間
幸福的未來世界
正等著我們的來臨

三

讓自己的身心健康喜樂吧！
在病床上的人如實的觀想
當你更清楚的觀照時
疾病將更加的遠離
不只疫病　一切的疾病
都同樣的將康復

讓我們的身心平安自在
於是我們清楚的觀想自己是健康的人
或是觀想自己在最健康從未染病的狀態
於是現在我是健康的人
身心安康　自在

諸位　請清楚的覺知自己完全的健康
完全沒有染病　身心離開所有的病氣、壓力
這時我們將如何面對病者、疾疫及病毒、疫菌？
是否能不恐懼、驚慌
不給自己身心壓力、苦痛
而是以智慧觀照

並且謹慎細心的防護自己　讓自己身心安康
並幫助他們平安的度過病毒及疾疫的風暴
讓所有的人重拾健康歡喜

如果我是健康的人
我將銘記健康平安的可貴
也祈願世間的一切病者
安康體健　不再受到疾患的糾纏
我將永遠守護一切的健康安適
讓所有的人與病者
不再有病苦的折磨

如果我是健康的人

祈願讓自己及所有人的身體再進化
讓人類及所有的生命
永遠的健康強健
不再有疾病的苦惱
具足無量的壽命

如果我是健康的人
祈願自己及所有人的心靈圓滿
讓人類及所有的生命
永遠平安喜樂
不再有恐懼、不安
心靈永遠溫和、勇健、吉祥

如果我是健康的人
祈願自己及所有人的智慧無上
讓人類及所有的生命
永遠能觀照實相
不再沈淪於癡迷昏亂、顛倒妄想
自心永遠具足著無盡光明

如果我是健康的人
祈願自己及所有人的慈悲廣大
讓人類及所有的生命
永遠能平等體貼的相互接納同為一體
不再有種族的歧視　貴、賤　貧、富的階級分野
不再有惡意的排斥、傷害、霸凌

大家平等的溫暖互助
讓自心永遠無分別的幸福溫暖

如果我是健康的人
一定要讓人類永遠康健
所有的人、一切的生命、病毒、疫菌
都將成為光明的圓滿生命
也讓世界成為永遠幸福的樂土

四

心中充滿了感恩
我們竟然那麼幸運的在疫情中　身心健康安穩

這是多麼深的福份　我們一心的珍惜感謝
那麼多人的相互扶助、醫者的努力守護
讓我們身心安康

一心的感恩　一心的祈願
一切人也像我們一樣安住吉祥
用我們的智慧、慈悲化成光明寶網守護大家
讓大家身心安康、喜樂
用最深的智慧與慈悲來觀想病者的苦
用同體大悲的心觀照
讓大家身心吉祥圓滿

現在一心的觀照假想自己

如果我是受病毒或疫菌感染的病人
將如何面對健康的人及病毒、疫菌
是否我能不恐懼、驚慌而是以智慧觀照
用慈和寬容的心來面對病毒、疫菌及一切健康者
而且謹慎小心的保護大家
不受疾病的侵擾
並讓自己儘速康復
使大眾安心
也祈願大家平安的度過疫疾的風暴

五

假想如果我是受感染的病人

將如何面對病毒、疫菌及健康的人？
我將銘記健康平安的可貴
也祈願世間的一切病者
安康體健　不再受到疾患的糾纏
我將永護健康安適
讓所有的人與病者
不再有疾苦的折磨

假想如果我是受感染的病人
祈願讓自己及所有人的身體再進化
讓人類及所有的生命
永遠的健康強健
不再有疾病的苦惱

具足無量的壽命

假想如果我是受感染的病人
祈願自己及所有人的心靈圓滿
讓人類及所有的生命
永遠的平安喜樂
不再有恐懼、不安
心靈永遠溫和、勇健、吉祥

假想如果我是受感染的病人
祈願自己及所有人的智慧無上
讓人類及所有的生命
永遠能觀照實相

不再癡迷昏亂、顛倒妄想
自心永遠光明無盡

假想如果我是受感染的病人
祈願自己及所有人的慈悲廣大
讓人類及所有的生命
永遠能平等的體貼接納同為一體
不再有惡意的排斥、傷害
自心永遠無分別的幸福溫暖

假想如果我是病毒或疫菌
我將不再傷害人類　將與人類及一切生命和平共生
一定要讓人類永遠康健

所有的人、一切的生命及病毒疫菌
都將成為光明的圓滿生命
也讓世界成為永遠幸福的樂土

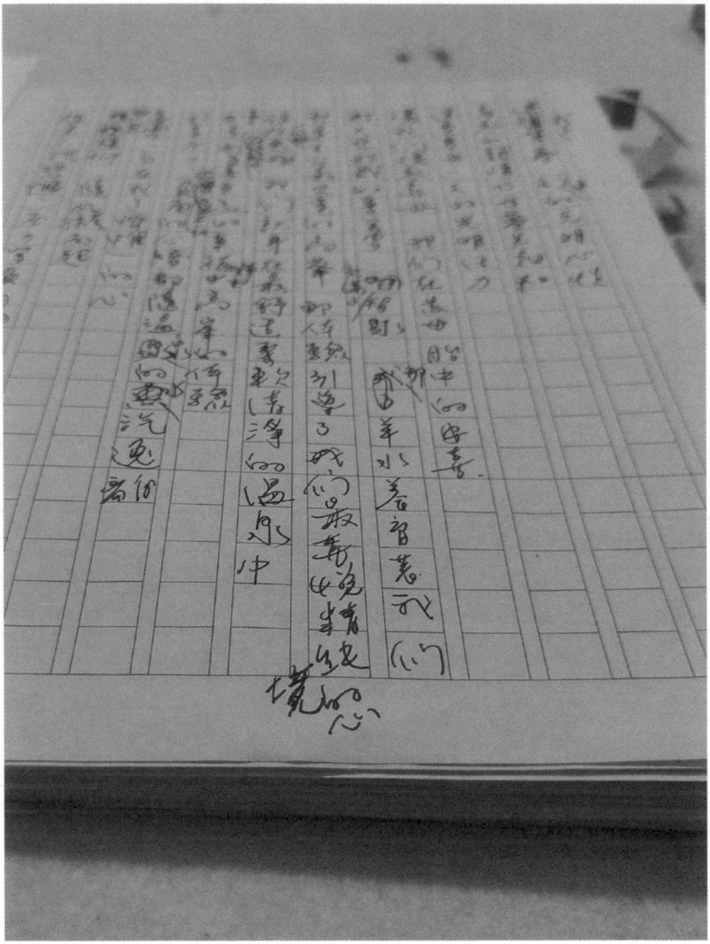

柒

鏡智

Mirroring Wisdom

一

當我們觀照著病毒、疫菌　就如同兩面明鏡相照一般
病毒、疫菌也正迴觀著我們
量子的相映交纏　當下正是宇宙的實相
本來靜置百萬年的病毒、疫菌　在我們強力的侵入後
驚慌求存　於是遵循著無明自執的混沌緣起軌跡
對初始因緣的深刻依賴　不斷的自我複製
呈現著無明我執的複雜存有眾相

就像快溺水的人　本能的抓住任何東西盲目的求生
甚至對救他的人　也可能在無明的盲目求生意志中
反而被他拖下水　共同溺斃

盲目的本能為了求生　反而同亡
病毒、疫菌為了存有　過度的反應而讓能共生的宿主逝去
反而共亡

我們的免疫求生本能
也常因無明的盲目求生　反而攻擊自身
造成自己的損傷
因此　身心、病毒、疫菌的和生共存　與我們身體相應
讓病毒、疫菌轉化成益菌能量
成為我們相互共生演化的夥伴

於是　我們用慈憫的心
發出至空、最細微、最強大的慈悲訊息

在空性中溢散出無盡的正面能量
在當下量子交映互攝下　讓驚慌的病毒安心
放下張牙舞爪的自衛與攻擊模式
成為溫柔共生的相應狀態

我們向一個病毒發出了正向的訊號
當下如鏡鏡相照一般　讓一切的病毒同受慈心光明
開啟宇宙中無量和平的機會之窗
眾生同受喜樂

二

於是我們用最自然的姿勢
顯示最慈悲的心靈
讓心靈的慈鏡光光相照
在無比坦然的心中　自然的忘失了所有疑嫉
如是明白　和諧共生是最自然不過的事了
現在就輕鬆的安住在最最自然的寂定

從我們的心輪中　開始全部放鬆
從全然無執的心中　現起光明的寶珠
如同水晶般的明透　像太陽般的光亮
像彩虹一般的無實輕靈

觀照我們的心就是無限的如意寶珠
向四面八方放光
穿透了心胸、照明了所有的細胞

每一個細胞都成了如意寶珠
百千億的寶珠　在心中、在身中交映光芒
光明遍照著
向一切人類、一切生命　乃至一切的病毒、疫菌
發出無止盡的心願能量
讓一切都同成光明的如意寶珠　無盡的光明

寶珠是如意的光明
光明中蓮苞待放

清淨無疑的本心淨水澆注著蓮花
蓮花在寶珠中如意的開放
這是我們心中的寶蓮
也是如實的法界人生

勇敢的讓全身細胞如同寶蓮般綻放
疑嫉早已消失在清淨的光明之中
讓所有的人類、生命及病毒、疫菌
都共同參與這光明的聚會
相互和解共生　讓生命再次演化增明
我們的人生就這麼如意的盛開綻放

夢幻泡影的心疑　只是一段錯誤的妄想

把人生的主權要回　驅離這無用的懷疑
我們是自心的如意主人
用理想與幸福　和所有的人惺惺相惜
讓宇宙中的一切生命乃至病毒、疫菌相互扶持
行走在更光明的演化之路

現在決定從光明寶珠的禪觀起定
用永遠的觀自在　來自由造夢
疑嫉的病已痊癒
充滿了感恩歡喜
用光明將所有的生命聯結
用自信與勇氣
揮灑出幸福的光芒

三

現觀澄淨　一心
光明的境　會入了圓滿澄清
豁然寂淨……
大空的身　化入了圓明無相
現前寂淨……
至柔的脈　注入了宛轉流明
如實寂淨……
最鬆的呼吸氣息　現空成明如幻
現成寂淨……
如如的心　本然是明空無念
圓滿寂淨……

就如同純金的融化一般　宛轉流明

圓滿的境　融入了大空的身
大空的身　流入了至柔的脈
至柔的脈　化成了最鬆的氣息
最鬆的氣息　現前圓成如如的心
於是一切現前的光明遍照
是我們覺悟的心

覺性的地球　光明的母親
於是宇宙現空
從燦然不可得中
化成了無比清淨光明的霓虹

這是虹光的世界
用彩虹搭成階梯
百千億個太陽來為光明增色
用水晶般穿透映攝
照出無實的虹光　相互澄耀
這無比自在的遍照光明
成了我們真實的自心
地球母親也發出遍照光明
讓全宇宙、全法界都成了遍照的光明

一切吉祥圓滿　相互明照
無彼無此　同體相耀
所有人類及眾生都覺悟的圓滿合唱

成了在宇宙中最歡喜的時節

四

觀照本心的明悟
讓我們心中光明、平和、覺醒
體悟微妙真實的心性
用無比勇猛的自信、無畏
讓所有無知、愚癡　離開我們的心靈
把痛苦、壓力、煩惱、嫉妒
化成了喜樂、鬆柔、智慧、慈愛
來吧　覺悟者！

讓自己、摯愛、一切親友、地球人
讓無盡的生命
在自心的光明中成為永遠的喜樂覺心

在完全的覺悟中
所有光明的心念也寂滅了
過去的心、現在的心、未來的心也寂滅了
絕然的無念清淨　絕然的覺悟寂靜
只有法界與自身的光明自生自顯
圓具了永恆

無念、無執、無住的自由自在
讓我們只有歡喜的一心

光明的勇士　伸出我們的雙手
讓真、善、美、聖
成為覺性地球的名稱

捌

覺思

Enlightening Thought

一

在瘟疫蔓延的時空裏　我們追憶著亡者
向他們致上至深的關懷　願他們放下此生的一切憂傷
洗盡一切的無明的纏縛　讓業障完全的消融
具足福德、智慧與悲心的超越生死
到達清淨的國土乃至涅槃的彼岸

祈願病者身心康復　不再受到病的糾纏
迅速的讓身體健康　具足喜悅的心靈
幸福自在的在慈悲、智慧與覺悟的大道上
安穩前行　直至圓滿

願我們所有的人　在這災疫當中
深刻的觀照　超克一切的哀傷
讓身心永健　社會康寧　地球再向光明幸福
普願那深刻的反思自照　讓人類共行
開創地球的黃金新紀
生者、亡者、病者、一切生命　病毒、疫菌吉祥圓滿

二

我們心中平和的讓瘟疫止息
不要在心中生起忿怒怨仇的毒素
引發自己身心的健康風暴　傷害自己的身心壽命
調適自己的身心　讓自己喜樂、康健、幸福

不要誤入負面情緒的身心黑洞
於是我們的心只有平和安寧

仔細觀照　原來那病毒　只在那裏靜靜的活
當我們一步侵入　讓它們驚恐失措　處處求生
於是　我們竟成了病毒的載體
帶著它們四方雲遊　擾動人間
只有平和寂淨的明智心境　是我們身心健康的不二法門
於是　我們心發出了光明　讓病毒悄悄的遠離我們
或與我們和平共生
如是增長了身心防護的力量
悟在瘟疫蔓延時……

我們的心發出和平的訊息　讓病毒不為了驚慌求生
宛如惡犬般的忿怒攻擊
轉化為溫柔的朋友　與我們和平相會
用最和諧的身心力量　讓我們更健康強健
在病毒附身時　也能夠自然療癒　了無病相

用智慧的心光　注照著自身及家人
讓他們共處安康
我們共同使用慈悲的心
廣照著親朋好友、台灣與地球上所有的人
都能受到吉祥的守護力量　迅速平復疫情
讓所有的人在瘟疫蔓延時　成為覺悟者
讓瘟疫幫助大家覺悟　開啟地球新的光明世紀

我們共同的心　在量子交映互照中　成為光明的覺悟網路
我們共同的讓悟在瘟疫蔓延時
昇華成覺性雲端
同時轉化這些驚恐的病毒
幫助他們完成了覺悟進化的旅程

三

於是用真誠的心念
向病毒發出和平的訊息
我的心中沒有敵者　不再視你為敵
只有真摯精純的心

向您發出共生共榮的願望
祈願從現在直到永恆的未來
我們相互扶持
走向圓滿生命的成就

當下！就在當下！
不再相互傷害　發展出和平共生的新模式
真心誠意的相互守護
這是最深的誓句
讓我們共創圓滿生命的願景
相互守護
不斷發出的純淨心念
圓滿這生命進化的旅程

用清晰安和的心意
觀注著你的容貌
仔細觀察著您那不可思議的宇宙舞蹈
病毒的演化之舞
如是用最純淨的心光
慢慢的化成了最空的寂靜
剎那時　您已舞出了法界體性
舞出了無盡的光明自身

看哪！
病毒的光明就像水晶般的明透
像彩虹舞出沒有實體的純粹光明
無數的病毒已是無數的光明

這是生命無盡昇華的演化之旅
不再有所危害　相互共生和平
病毒成了宇宙中最柔和清淨的光明

任何的身體
任何的地方
病毒的光明之舞　轉化了
帶來了無盡喜悅、安康、能量
病毒圓滿的化成了光
守護著我們　和平共生
帶來了　健康、覺悟
快樂、慈悲
病毒不再是病毒　成了最清淨的光明

四

用平和柔軟的心
共同發願
用溫柔謙卑的心
共同祈請
在慈悲與智慧的心靈注照下
您轉化成了光明
就像日月光明一樣
照亮了人類的生命

透過您　我們成就了自省觀照
透過您　我們昇華了自我的生命

現在一心看著化成光明的您
與人類相互扶持
守護著人類
在生命的無盡旅程中
進化成更圓滿的生命

祈願病毒護法成為光明的守護者
讓您如同大白傘蓋般的光明
守護著我們的身形

透過您　柔和的智慧與慈悲的威力
讓人類的身體不再受到所有病毒、細菌及各種疾病的侵擾
常保安康強健

讓人類的心靈不再驚恐　不安
安住在歡喜吉祥的心情

讓人類具足無上的智慧與慈悲
昇華進化成無上圓滿的生命
就是這樣　一心的共同祈請
人間及所有世界成了幸福光明的淨土
讓我們共同成了如來
讓病毒、人類及所有的生命都成了無上圓滿的佛陀
在此　一心的祈請

五

一心觀照法界頓然現空
從燦然不可得中
照見病毒現前化成了無比清淨光明的虹光身
就像千百億個太陽般明亮
比水晶更加的明透
宛如彩虹般的沒有實體

這就是遍照的光明
病毒的光明是遍照的光明
我們的心也是遍照的光明
全宇宙、全法界都是遍照的光明

這就是大日如來遍照光明的身形
觀照每一尊轉成光明的病毒
化成了清淨的佛身
許多遍照光明的病毒如來
合成了一尊尊光明遍照的佛身
於是無盡的病毒光明佛
全都合成了無比光明的遍照佛
一切的吉祥圓滿　就此成就

一切的世間成為清淨的佛土
人間淨土圓滿
病毒如來現成了

一切人類及眾生也成了佛陀
這是在宇宙中最歡喜的時節
就這麼觀照病毒成了佛
病毒成佛
您應當十分歡喜吧！

玖

智海

The Sea of Inteligence

一

不要再讓嚴重的抑鬱　緊掐著我們心靈的頸項
在頓然的覺悟下
讓那抑鬱完全化成了清淨的流水逝去
於是不必再受哀痛恐嚇的心靈
已是宛如淨水般成了最溫柔堅強的勇士
無畏的坦然安住　就在此時、此地、此人
用最放鬆的身心　現起淨水的禪觀
一心觀看著清淨的水　我們的心也澄明如水
在澄明的心中　我們身上的每一個細胞
已是雪白的淨雪
在無雲晴空的麗日普照著白雪　白雪化了

每個細胞融化了　化成了清清白白純淨的水
從心到身　只是清淨的水　流入了活泉、溪流

我們的明覺生命　開始歡悅的旅程
沒有悲傷、只有歡喜　沒有煩擾、只有一心澄靜
靜靜的溪流　成了淨淨的大河
啊！心靈的大河啊！生命的大河！我們人生的大河！
天地伴著平闊、百草陪侍花香
清澈的藍空　是我們身的倒影

我們是水　是一切清淨的水
清淨的大河水　匯流成了大海洋的水
於是琉璃般明淨的海水　是我們的心　是我們的命

是我們的身體　更是我們的光明
心是澄明的大海　光明的大海是我們的心
有寬闊、有廣大、有自在、自信、勇猛精進

所有的哀愁、悲傷都已流逝
不是不知　只是自覺自在的能夠不要
大海的心是無傷的心靈　是美麗人生的背景
安住在清淨的水　用光明的大海做心
心心念念　沒有分別的安住在清淨

是水的清淨　永遠的清淨光明
洗淨了所有的憂悲苦惱　畫出了美麗人生願景
大海的心　可以有夢　有光明、智慧、幸福的夢

定　在淨水中入定　全身全意化成了絕淨的水明
安住、安住、安住、安住、安住……

好歡喜　好快活　好自在
從清淨的水觀中覺起　一切依然清淨
從悲傷中療癒的心　成了大海的勇士
吹起了歡樂無畏的號角　讓宇宙中所有悲痛的心癒合了
於是人間成了美麗的畫布
讓我們彩繪生生世世　一生、一生、一生、再一生生……

二

心……完全的清寧　寂淨
於是
甚深光明的喜悅
隨著朝陽輕輕的昇起
迴照著真實的心
心靜了　心明了　心淨了
心與所有的善相應
親友、善朋　乃至一切的生命
與地球母親的心　圓滿融合
於是　心廣大了

成了最圓滿的自由
那麼有力的化成了喜樂覺悟
自自然然圓滿了我們所有的生命願景

頓然放下　一心……一心
良久、良久……
不思善、不思惡、超越了所有的苦難
當下　用生命本來的面目　坦然相會
只有幸福

用最放鬆的身體、最快樂細柔的呼吸
用最最寂靜的心境　合掌祈願
母親地球永遠幸福

一切的障難都已隨風飄逝了
眼前只有唯一光明的幸福
痛苦、瞋恨　無所從來亦無所從去……

歡喜、幸福、慈愛
她來了　也不再走了
這就是最後、最堅決的決定
永愛自己與所有生命
立下宇宙中無上真誠的約誓

在母親地球的幸福證明下
我們把自己交給了自己
也交付了不可違越的盟誓

與自己相愛、與自己慈愛、與所有的生命相親相惜
把至誠幸福的愛獻給　地球母親

讓自己成為真正幸福的自在
於是我們擁有了無盡慈愛的能力
不再瞋、不再恨、不再怨、不再惱
歡喜幸福是唯一的心意

大公無私的平等慈愛
如同投入宇宙大洋中的如意寶珠
一圈一圈的歡喜向外無盡迴旋
從至親到平疏乃至一切苦難的生命
正心誠意　仁民愛物　止於至聖

心永遠的慈愛
銘記在幸福的地球
行動！二十一世紀幸福的地球

拾 明空

Brightening Emptiness

一

那麼傲慢的心　自以為能攻克征服一切
不肯認輸的脆弱　是最能割傷他人的利刃
在無垠的時空大海　被一瞬的浪花拋到天際
卻自以為是自己的能力一躍而上
一切都是自己可以隨心所欲的假相

傲慢的自我　如同多角的氣球　吹脹龐大
於是過大的自我　挑釁勾搭了病毒、疫菌
讓自己及他人百倍的受難
但依舊是那麼自卑的傲慢　脆弱的最強
看來似乎能壓過一切的強者　卻在最細微的病毒下崩潰

只剩下最強大　不肯服輸的脆弱執著

疫情總將過往　於是一切又成了自大的功勳
我慢的習慣又要用那膨脹的虛妄自我
再去遭逢另一次更大的苦難
於是我慢愈大　受難愈深
傲慢自我的文化愈重　也會將苦難隨著傲慢放大
人類的文明演化　在無垠的宇宙前　學會謙虛
才是最正確的途徑

看一眼無盡的青空
讓身心全然的放開
就隨著空　來到了無邊無際

青空超越了所有障礙
讓我們出生了無邊的希望

於是　傲慢的執著只有在宏偉的虛空中羞漸的遁形
看一眼無盡的青空　就入了虛空大定
當傲慢完全消泯時
只覺照到平實光明的心靈
在真實的自信身前　傲慢成了虛偽的假相
我已完全自由　如同青空般的智慧自由

二

我們的身心就是廣大無比的青空

在無盡大空的禪觀中
自在擘畫著生命的願景
邀請所有的人　共同參與這平等的大夢

我們的心是如此的平靜澄明
美麗的願景成了究竟的幸福
所有的傲慢傷痕在虛空的心中　得到療癒
自由自在成了我們未來的名字
將青空攝入心中
在開眼、閉眼的時候
心眼都明照著青空

一心的觀照著　將虛空中的浮雲雜相完全淨除

就像調鍊黃金一樣　清淨了雜染
於是　我們的心就成了完全的淨
我們的心已是無雲的藍空
這是心性的光明本色
淨空的心是我們的心
煩惱、傲慢都已淨盡

待我們從虛空大定中歡喜的覺起
我們已安坐在無邊的蒼穹
成了宇宙中最自由、歡樂的遊子
用寬容、歡樂
來開創幸福與人間美夢

三

用平和柔軟的心
向您祈願
用溫柔謙卑的心
向您祈請
在慈悲與智慧的心靈注照下
轉化成了光明

在母親地球照拂下
讓我們自省觀照
我們昇華了生命
一連串人類的名字

在廣大的時輪中轉動
銘刻在宇宙時空的軌道

在這廣大的時空劇場
大地之母的撫育
創造出人類那麼偶然的因緣際會
現出這不可思議的情境

宇宙的歷史正客觀的記載著這段不可思議的史實
現在　容我們一心的祈請
地球母親圓滿的現出清淨本貌
讓我們安住在這光明的樂土
永遠不再病痛、苦難

只有幸福的光明永續
只有安喜　不再憂傷
地球母親　您是人類的依怙
守護著人類
在生命的無盡旅程中
進化成更圓滿的生命

願您　柔和的智慧與慈悲的威力
讓人類的身體
不再受到所有地、水、火、風、空等災難與疾病的侵擾
常保安康強健
讓人類的心靈不再驚恐　不安

永遠安住在歡喜吉祥的心境
讓人類具足無上的智慧與慈悲
昇華演化成無上圓滿的生命

就是這樣　一心的向您祈請
人間及所有世界成了幸福光明的淨土
讓我們身心完全的自由如同青空般的無障無涯
在無盡空大的宇宙
自在擘畫著生命光明願景

讓我們邀請所有的生命
共同參與這平等的大夢
我們的心是如此的平靜澄明

美麗的心夢成了幸福的美麗
自由自在成了我們的名字

我們心已成為光明自覺的智慧
如流水般不盡
自然無畏的開創人生的福祉
智慧、慈悲成了心的標幟
黑暗遠離人間地球母親
圓滿的未來世界
正等著我們降臨
讓我們安住在清淨的地球國土
光明圓滿覺悟
謝謝　母親

拾壹

法雲

Dharma Cloud

一

時間的本質是當下　過去、現在、未來　都在當下現成
那量子相映互成的同時　超越了時空
就那麼當下展出相應同時的緣起
於是　不動道場　身遍十方世界

無量的宇宙法界是我們心中的曼荼羅
於是　我們內觀心中的曼荼羅　盡攝了一切宇宙、法界
觀想心中的瘟疫、疾患自然療癒
在至微與至大的現空法界中　也療癒了一切眾生

學習偉大的佛陀　安住在那畢竟空中的大覺無相

無相不離眾相　眾相不離無相
那菩提心宛如明鏡　大悲行即為真如之身
二者和合相應顯現影像　成就了如實的大空
自性是空　自性現空
如來在畢竟空中成就了無上的大覺
互相緣起無有間絕
以佛陀的身、語、意三密為鏡
自身的身、語、意為相映的鏡面
自他相互平等　平等的如如相照　相映相成
在不生不滅中　無盡的相互緣起
鏡照無盡　入我我入
佛即是我　我即是佛　互相發起　身所成身

於是　十方三世同時炳現
無盡的時空法界　一心圓成
在這最究竟的密意中　超越一切的時空
全佛現成
沒有看到眾生成佛　佛哪能成佛
就這麼現觀究竟　於是吉祥的翻轉
佛境菩薩行

二

於是那麼寂的　淨心
合十⋯一心⋯
向地球母親致敬

我們已安坐在您化成的太空船上
準備航向無垠的蒼穹

我們是宇宙中最自由、歡樂的遊子
用寬容、喜悅
創造幸福的人間美夢
揭開這一場宇宙中的穿越大劇
在過去、現在、未來的無時、無空中
法界雲遊
星明成瀑浪　玉波相耀
流出了銀河霄漢

心已完全澄清

無波無浪　就像明淨法界大海
迎接著覺性地球
心已無念清淨
對著宛如自心明鏡般的宇宙大海
清晰的觀照著自己的身相
自身、地球、宇宙
所有生命與存有萬相
一切平等、平等　無二、無別

所有偏執的心相已寂滅了
只有用地球最和諧的合音唱出宇宙和平的心聲
完全明覺的自身
用最最深密的智慧觀照

由在善緣中平等的喜悅
我們完全一如的相和
偏執已不再留有任何的餘地

三

心是那麼的澄靜歡喜
微帶一些在時空大河流動中的悲欣交集
一切是那麼的空　那麼的如
心中已無留憾的放下所有的分別
只有覺知的智慧　無盡的慈悲
道盡了所有生命的實相
用甚深的明智描寫著平等的大悲

會萬物為一體

如樂鳴空
清唱著宇宙的太古遺音
回首家園
禮敬　母親地球
在重重無盡的宇宙大海中
自在的來去

將永遠不忘您的溫暖教誨
創造宇宙和平
覺性宇宙文明將開創
生命永住幸福、圓滿覺生

拾貳

普光

Universal Light

一心……

用最幸福的心
向宇宙中最圓滿的覺悟者
那究竟光明的真諦實相
與在實相道路中前進的賢聖者
獻上至深的禮敬

祈願吉祥　喜悅　幸福的覺性光明
普照著我們的母親——地球　及所有的生命
讓一切的傷痛遠離
地球母親永遠的幸福安康

成為永續的清淨樂土
繼續撫育著所有人類及一切生命
共創光明的黃金新世紀

啊……讓覺悟的光明
點燃我們每一個人的心
如同無盡燈一般相續無盡
像千百億太陽般的相互輝映
讓所有的地震、水厄、火劫、風災、空難
及人為的所有禍害永遠消失……
讓幸福與覺悟成為我們生命中的真實
於是　當我們安住於完全快樂的喜悅

成了光明大愛的快樂典範
我們愛惜自己　更珍愛一切生命與萬物
將自己的貪心、瞋意、愚癡、傲慢、疑忌全部丟棄
讓喜悅成為自己的唯一真心

完全放鬆
將體內所有不悅的氣息吐盡
用最舒適的心意
安詳放鬆的坐著
讓暢快的呼吸愉悅著全身
心中沒有一絲一毫的壓力
從虛空吸進彩虹般的氣息
澄淨的心靈自然生起甜美的悅樂

自我、他人、地球、一切的宇宙萬物自然和諧
從心到身都散發出快樂的光明

二

一心……

觀想自己最喜愛的人在我們的眼前
相互快樂的映照　讓喜悅無限增長
觀想著所有摯愛的人那麼的快樂
自己的快樂也無盡地增長
當我們觀想的人愈多
喜樂的力量將如同大海的漩渦般持續增強

一心……

觀想完全陌生的人也十分的快樂

一心……

觀想各種種類的生命與我們同樣的喜樂

一切的萬物也與我們同喜同樂

一心……

放下一切的仇怨煩惱

放下一切的苦痛

啊…完全的和解了

讓我們的幸福力量增長

一心……
觀想所有與我們有怨仇的人
都安住於廣大圓滿的快樂境地
這甚深的和解　是一切喜樂力量的來源

一心……
一心……
讓我們觀想一切的生命共同的幸福喜樂
觀想自己的親人、朋友完全的快樂
觀想自己所居住的社區、都市、國家的人民都十分的快樂
觀想亞洲人、地球人、乃至一切生物都十分的快樂
整個太陽系、宇宙、無量無邊的充滿了快樂
當下的喜樂導引我們現在無憂無惱、完全的喜悅

讓我們觀察過去的心境
將我們過去的身心調和圓滿
讓我們現在的身心更加健康、幸福
更引導著我們的未來　在幸福光明

於是　當無盡的喜悅生起時
當下　我們畏懼、怨恨的心也完全消失了
每一個念頭都是無盡平等的大喜樂

三

嗡……這是一首宇宙的詩
一首最和諧的宇宙詩篇

當自我完全消失時　沒有敵者
就成了這首最真實的宇宙民謠
從宇宙的這一邊陲　唱到宇宙的另一邊際
和諧成了最圓滿的合音

是沒有敵者
讓自己從自心到宇宙
發出最深沉的和諧聲音
是與自心唱合　是與呼吸唱合
是與氣脈唱合　是與身體唱合
於是嗡……嗡……那美麗的合音
就唱向了每一個人的心、每一寸山河大地
就唱出地、水、火、風、空、心的宇宙和鳴

這是永遠和解的聲音
是永遠和諧的真心　是無我的唱合
用光明所交響演奏出的幸福清寧

一心……
用幸福的覺心
深念祈願　和平喜樂
讓我們擁有無上光明的力量
創造世間的幸福
讓台灣、亞洲、歐洲、美洲、非洲及所有的國土
創造永續的人間和平與幸福的地球

讓我們導引著母親地球太空船
航向新的太空世紀
讓覺性成為地球的文化核心
慈悲、智慧成為母親地球的眼睛
觀照著所有的生命

淨心……
淨心……
讓我們合誦著　心靈最深處的感動
永遠　無災無障的走向大覺幸福的路途
永遠　具足福貴的成就無上大覺人生
善哉！圓滿
一切都已圓滿　普願吉祥